عجب العجاب

بقلم:

مقتدى الصدر

اعداد

د. ناظم العبادي

ISBN-13: 978-1985192485
ISBN-10: 1985192489

عجب العجاب

5

بقلم:

مقتدى الصدر

حقوق الطبع محفوظة

تقديم

يبدو ان هجمة اعلامية خارجية وداخلية ضد الزعيم العراقي مقتدى الصدر، كانت ولا زالت مستمرة، هدفها التشكيك بمشروعه الاصلاحي. المشروع الذي يجعل القرار عراقيا، خادما لشعبنا. هذه الحملة ليس في الفضائيات التي اسسها الفاسدون واسيادهم خارج الحدود، باموال شعبنا فقط، وليست في مواقع التواصل الاجتماعي فقط... بل اوسع من ذلك بكثير. الحملة الاعلامية ضد الزعيم الصدر تعمل في الشارع العراقي، ينفذها رجال ونساء وشباب، يتلقون الرواتب من حزب السلطة العميل، ومن الدول المساندة له. هؤلاء المأجورين، موظفون حكوميين، يستلمون رواتب ضخمة ويعملون كمنظفي شوارع او شحاذين او سواق تاكسي او اصحاب اكشاك، يلتقون بشكل دوري في المنطقة الخضراء، ليتلقوا نصوص التهمة الجديدة التي يبثوها ضد الزعيم الصدر. وقد نقل لي احد الثقاة تفاصيل هذا التشكيل السري، الذي تم تاسيسه في فترة الحكومة السابقة. وهذا التشكيل له فروع في الخارج، خاصة في لندن وطهران وقم.

هذه المقدمة، لابين للقاريء واحد من دواعي نشر "عجب العجاب" من قبل مقتدى الصدر، المحتملة. حسب فهمي. ولاني اعتقد ان الزعيم الصدر هو الضامن لاستقلال العراق وسيادته، والعامل لاجل حرية شعبنا ونيل حقوقه، اضع هذه الصفحات بين يدي احبائي المثقفين والاكاديميين، ليكونوا سندا للزعيم العراقي ومشروعه الوطني.

ولي ملاحظات ختامية، سوف ادرجها بعد قراءتك لسطور الصدر.

د. ناظم العبادي

عجب العجاب
بقلم: مقتدى الصدر
اعداد: د. ناظم العبادي

عجب العجاب

13

بقلم:

مقتدى محمد الصدر

الرد على الاعتراضات[1]

إن تحالفنا مع الحشد، قلتم: تحالف مع المليشيات الوقحة وان تركنا

التحالف معه، قلتم: نسى المجاهدين

إن تحالفنا مع الشيعة، قلتم: طائفي.. وان تركناذلك قلتم معادي

إن تحالفنا مع السنة، قلتم: وهابي سعودي او بعثي.. وان تركنا،

قلتم: طائفي

إن تحالفنا مع الاقليات من الاديان الاخرى، قلتم: بدعة.. وان تركنا،

قلتم: ظالم

إن تحالفنا مع (المدنيين)، قلتم: انحرف فكريا او شيوعي.. وان

تركنا، قلتم: متشدد ريديكالي

إن تحالفنا مع المتعاطفين مع الملف الايراني، قلتم: صفوي.. وان

تحالفنا مع المتعاطفين مع العرب، قلتم: عميل

---

1 هذا العنوان تم اضافته من قبل الاعداد، وليس من النص الصدري.

إن تحالفنا مع من ترتضيه امريكا والاحتلال، قلتم: تنازل للاحتلال وباع نفسه.. وان تركنا ذلك قلتم: امريكا محررة العراق وما يريد الا تدمير العراق وارجاع البعث

إن تحالفنا مع (الوجوه القديمة) قلتم: فاسد ونسي مبدأ الشلع قلع.. وان لم نتحالف معهم، قلتم: انه يثير الفتنة ويشق الصف

إن تحالفنا، قلتم: لا يفقهون من السياسة شيء.. وان لم نتحالف مع احد، قلتم: مجنون

صورة 1 الزعيم الصدر عام 2003

إن دخلنا الانتخابات وخضنا غمارها، قلتم: فاسد.. وان قاطعناها،
قلتم: تدمير للعملية السياسية

اعلموا.. التحالف لا يعني ان اكون مليشياويا او طائفيا او خارجيا
او او مسيحيا او ملحدا او شيوعيا.. جل مطلبي: ان اكون عراقيا
صالحا مصلحا اعطي للجميع فرصة ولا اعيد الوجوه الكالحة
والفاسدة واجزي الصالحين وابعد المتشددين وامكن المعتدلين
ليكون عراقنا موحدا واحدا بلا ارهاب داعشي ولا تشددي ولا بعثي
، يحكمه العدل ويحميه الجيش وينعم بخيراته الجميع ولتعم الانسانية
بين الجميع وينتشر السلام ونتعامل بصدق وإخاء واخلاق.

---

[2] هذا العنوان تم اضافته من قبل الاعداد، وليس من النص الصدري.

المشروع الصدري[3]

لا اتحالف من اجل الانتخاب ولا انتخب من اجل التحالف بل من اجل العراق ومن اجل ان لا يعتقل المقاوم وان لا يهمش المواطن وان لا يظلم الفقير وان لا تدمر الاديان ولا تقصى الاقليات وان لا يبعد المتظاهر ولا يقمع الاصلاح وان لا يهادن المحتل ولا يباع العراق وان لا يكون القرار من خلف الحدود وان لا تمتهن المرأة وان لا تكفر العقائد وان لا تكمم الافواه وان لا يختطف المعارض وان لا يكون العراقي بلا عمل والفقير بلا مأوى والعراق بلا سيادة ولا يقتل الشيعي من قبل الارهابي ولا السني من قبل الطائفي ولا الكردي من قبل المتعصب ولا يقتل الملحد بلا جناية ولا يكتب على دار المسيحي (ن) ولا تأسر اليزيدية ولا غيرهم من الاقليات ننتخب لكي يحاكم الفاسد وترجع الاموال الى الشعب ويدفع المواطن اجور الكهرباء للثقات ويمشي مرفوع الرأس لا مطأطأه

---

3 هذا العنوان تم اضافته من قبل الاعداد، وليس من النص الصدري.

لا ننتخب دينا معينا ولا عقيدة معينة ولا مذهبا معينا ولا فكرا معينا ولا حزبا معينا ولا كتلة معينة ولا شخصا معينا بل:

#ننتخب_العراق_لاجل_العراق

فللجميع حرية الدين والعقيدة والفكر لا اريد منهم الالتحاق بنا ولا نريد الالتحاق بهم بل: #العراق-يجمعنا

فهلموا ايها الاحبة ل: #مليونية_اصلاحية_انتخابية

ومن اراد بيع العراق للفاسدين والتخلي عن الاصلاح وعن حب الوطن فليقاطع الانتخابات

ومن اراد اتمام المشروع فليدقق بانتخاب الصالح ويبعد الفاسد..

فمقاطعة الانتخابات لن تلغي الانتخابات وسيتفرد بها الفاسدون.

صورة 2 الصورة التي ارعبت الاحتلال

ملاحظات ختامية

اولا: استخدم الزعيم الصدر اسلوبا منهجيا في الرد على الاتهامات، تدل على الخبرة والقدرة العلمية والاعلامية.

انا اعتقد ان الصدر، استهدف الاشاعات التي بثها السياسيون، بطريقة خبيرة، لانه استعرض تلك الشبهات كلها، ثم رد عليها. من الجدير بالذكر ان السيد مقتدى الصدر، كان رئيسا لتحرير مجلة "الهدى" التي اصدرها والده الشهيد محمد الصدر عام 1999، وهي المجلة الوحيدة التي صدرت بشكل غير رسمي، في زمن الديكتاتور صدام. كذلك شغل الصدر منصب "العميد" لكلية "الصدر" في النجف الاشرف اثناء مرجعية والده الشهيد. اعتقد تلك التكليفات اعطت للصدر خبرة اضافية في التعامل مع الاعلام المضاد.

ثانيا: استطاع الزعيم الصدر تقديم خطابا عصريا جامعا مانعا، يزيل الشبهات والشكوك التي بثها الفاسدون واحزابهم وطوابيرهم الاعلامية.

ثالثا: انها ضربة اخرى قد وجهها الصدر الى معسكر الفساد. ويلاحظ التوقيتات المناسبة التي يدركها الصدر لتوجية الرد.

ملحق

صورة 3 الشاب مقتدى الصدر مع والده العالم الكبير 1992

صورة 4 الزعيم الصدر مع والده الشهيد الصدر 1999

صورة 5 القواعد الشعبية تعلن مساندتها للزعيم الصدر 2003

صورة 6 المقاوم ضد احتلال العراق مقتدى الصدر 2004

صورة 7 الزعيم الصدر يخاطب المتظاهرين في بغداد 2016

صورة 8 الملايين تساند مشروع الاصلاح والزعيم الصدر2016

صورة 9 الصدر يقتحم منطقة السلطة 2016

صورة 10 الصدر مع ابناء شعبه المسيحي 2017

صورة 11 الصدر يلتقي السفير الياباني 2017

صورة 12 الصدر يلتقي وفدا من البرلمان الاوربي 2018

MUQTADA AL-SADR
Dr. Nadhim M. Falah
د. ناظم العبادي
مقتدى الصدر
مخفضة
باللغة العربية

العراق
بين الدين والسياسة
د. ناظم العبادي
كتاب بالعربية

NOTE

This introduction, in order to vouch for the reader one of the reasons for publishing the "wonder of wonders" by Muqtada al-Sadr. According to my understanding. I believe that the leader is the guarantor of Iraq's independence and sovereignty, and working for the freedom and rights of our people. I put these pages in the hands of my intellectuals and academics, to support the Iraqi leader and his national project. I have closing remarks, which I will include after you read the chest lines.

It seems that an external and internal media attack against Iraqi publically leader Moqtada al-Sadr has been and continues to be aimed at questioning his reformist project. The Sadrist project that makes the decision an Iraqi, a servant of our people. This campaign is by the satellite channels of corrupt politicians, not only that. Politicians also used unemployed members to spread rumors and accusations against Sadr. Political money is used in Iraq against the national project. So Muqtada al-Sadr wrote these lines in order to clarify the secrets.

Dr.. Nadhim Al-Abadi

ISBN-13: 978-1985192485
ISBN-10: 1985192489

drnadhim@gmail.com

WONDERLAND

Sadr's response to the critics

By
Nadhim al-Abadi

Note:
Please note, this book is in ARABIC. The beginning of the book is right, not left. Do not take care of page number order, please.